SUSURROS DEL ALMA

CRISTINA MIMÓ CASALS

Aliarediciones

Corrección: Inés González Calo
Diseño de cubierta: Romina Kornisky
Maquetación: Aliar Ediciones
Ilustraciones: Romina Kornisky

Depósito Legal: 979-13-87823-69-6
ISBN: GR 1158-2025

Impreso en España

Edita
ALIAR Ediciones
www.aliarediciones.es
info@aliarediciones.es

SUSURROS DEL ALMA

CRISTINA MIMÓ CASALS

Nota de la autora

Este poemario no fue escrito con la idea de ser publicado, sino por la necesidad de sacar cosas de muy adentro.

No nació en días plenos, sino en esos momentos invisibles en los que el alma se quiebra en silencio y nadie lo nota. En las noches donde lo único que queda es respirar, aunque duela, y en los amaneceres que no prometen nada, pero igual llegan, tercos, como un gesto de fe.

Susurros del alma es un recorrido por las sombras que habitamos y las luces que, a pesar de todo, aún nos atraviesan. No son poemas para leer rápido. Son palabras que se quedaron esperando a ser escuchadas, como lo hacemos todos alguna vez. Aquí no hay soluciones, ni finales felices. Hay heridas que siguen abiertas, cicatrices mal cerradas, cansancios antiguos y, aun así, una voz persistente que no se apaga.

Este libro habla del dolor sin disfrazarlo, pero también de la belleza que brota justo cuando dejamos de resistir. De la esperanza, no como una meta lejana, sino como una presencia tenue, a veces imperceptible, que habita incluso en el gesto más frágil. Habla de la fuerza de seguir caminando sin certezas. De la dignidad de quedarse con una misma cuando todo alrededor se rompe. De renacer sin apuro. De descansar sin culpa. De seguir, incluso cuando no sabemos por qué.

Cada poema es una grieta por donde entra la luz.

Un espacio de verdad donde no hace falta fingir.

Una invitación a reconocerte, no a pesar de tus sombras, sino con ellas.

Gracias por abrir estas páginas.

Gracias por permitirte sentir sin juzgar.

Gracias por quedarte, incluso en los días en que todo dolía.

Este libro es para ti, que alguna vez te sentiste al borde y, aun así, decidiste seguir respirando.

Cris
Junio de 2025

Índice

Los que sueñan de día son conscientes de muchas cosas
que escapan a los que solo sueñan de noche.
Edgar Allan Poe

Susurros de ausencia

Poemas que abordan la pérdida, la soledad y el eco de lo que ya no está. Ausencias que duelen, que transforman y que dejan una huella silenciosa.

VACÍO

Feroces truenos desgarran mi cielo,
ecos que se clavan como astillas
en un espacio donde el aire es apenas un recuerdo.
Una nube espesa aprieta mi garganta,
cierra mis pulmones al abismo,
y todo lo que queda es un suspiro atrapado.
Mi mirada naufraga,
sin norte, sin horizonte,
diluyéndose en la penumbra de lo indefinido.
Siento una mano invisible
hurgando en las entrañas de mi ser,
arrancándome el alma con una calma cruel.
Mi cuerpo, suspendido,
se aparta del suelo que antes me sostenía.
La existencia se revuelca en mi estómago,
y el mundo alrededor pierde nitidez,
un lienzo blanco borroso,
un borrador sin forma ni fondo.
Mis manos tiemblan,
aferrándose a la nada,
dejando caer incertidumbres que duelen
como dardos cargados de preguntas.
Se lanzan, rebotan, se clavan,
pero ninguna respuesta emerge.

Ahogo mi mente en el caos del azar,
pensamientos flotan, chocan,
desaparecen antes de hacerse reales.
Siento la vitalidad resbalar,
huyendo de mi cuerpo,
perdiéndose,
como si nunca hubiera estado ahí.

PESO EN EL ALMA

A veces, el peso en el alma
es un silencio que grita,
un vacío que se llena de sombras
y me arrastra hacia lo más profundo.
Quiero correr,
pero mis pasos se hunden
en un suelo que no es mío,
en una oscuridad que no se desvanece.
Las lágrimas,
esas pequeñas olas de tristeza,
caen, pero no limpian;
solo vacían lo que queda dentro.
Y yo, frágil,
me dejo envolver por la noche,
esperando que algún día
el amanecer me encuentre.

PROMESAS

Promesas vacías,
ligeras como el viento que atraviesa
sin dejar rastro en la piel.
Palabras dichas al azar,
ofrecidas como un fuego efímero,
que apenas calienta antes de apagarse.
Sonrisas tejidas con hilos de ilusión,
tan frágiles que se rompen al tocar el suelo.
Te llevan al borde de un abismo
que parece dulce,
pero huele a soledad.
La noche se cierne como un velo,
un manto oscuro que rasga el silencio.
Te abraza primero,
te consuela,
y después, con voz apenas susurrada,
te recuerda la verdad:
«Es solo un sueño.
Vuélvete a dormir,
no hay nada que esperar».

FRÍO

Como un cristal que corta la piel de mis sueños,
como un eco perdido en el abismo de tus ojos
desnudé mi alma ante ti,
y en ese acto fui infinita,
fui todo y nada al mismo tiempo.
Siento el frío
no de la ausencia,
sino de la entrega total.
Es el hielo de haber amado sin condiciones,
de haber puesto el corazón en tus manos
sin medir el peso del silencio.
Confusos sentimientos atraviesan mi pecho,
como un río congelado que se quiebra en mil pedazos.
La sangre se hiela en cada susurro,
y las entrañas se retuercen
en el abrazo invisible de tu indiferencia.
Toma mi vida,
te la ofrezco como un sacrificio en esta soledad compartida.
Ya posees todo lo que soy,
mi cuerpo, mi espíritu, mis días.
Me entregué sin miedo,
y ahora, sin retorno,
me pierdo en esta eternidad donde el frío
es el único testigo de mi amor desnudo.

ACARICIANDO NADA

Cosemos retazos de noche,
con hilo frágil, tejido de sueños rotos.
Cada puntada se hunde en la carne de lo perdido,
mientras la ventana me muestra
lo inalcanzable,
el reflejo de un deseo que nunca será mío.

No sé si merezco este teatro,
las máscaras, las sombras,
el telón que nunca cae.
Quizá tampoco merezca
el abrazo silencioso de la muerte.
Estoy en el fondo,
en un océano sin luz,
donde la superficie se ha vuelto un espejo inquebrantable.

Quisiera no esperar,
que las esperanzas se disuelvan,
como cenizas arrastradas por el viento.
Entonces sabría que el final ha llegado.
Pero no.
Esto no es el fin,
es solo el principio de un vacío que se expande.

Miro alrededor,
todo está quieto, inmóvil,

como un grito sofocado en el pecho.
¿No es desesperante
la calma que precede al derrumbe?

Escribo tu nombre,
contra tu voluntad,
en cada rincón de mi pensamiento.
Me repliego,
me escondo en el amargo consentimiento
de saber que acaricio la nada,
y que ella, inmensa,
me acaricia de vuelta.

EL MAR EN TUS LÁGRIMAS

El mar en tus lágrimas,
una vastedad que no cesa,
que recoge los ecos
de cada despedida
y los susurros del viento
que alguna vez tocó tu rostro.
Cada lágrima,
una ola que rompe
en el borde de tu piel,
arrastrando con ella
el peso de lo perdido,
lo olvidado.
Bajo tus ojos,
el océano se agita
en silencio,
y el cielo,
por un instante,
se inclina
para escuchar
la canción
que tu alma guarda
en el abismo.
El mar en tus lágrimas,
es un reflejo que nunca se desvanece,
es el tiempo
que se disuelve
en su propio remolino.

NO TE PIENSO

Como un susurro que atraviesa el pecho
y deja huellas en el silencio,
aprendí a amarte sin buscarte,
como se aprende a respirar el aire
que nunca supiste que necesitabas.
Eras caos perfecto,
un vendaval que arrasa las certezas,
un eco que resuena en cada rincón
donde mi alma se había escondido.
Me diste todo,
y al mismo tiempo,
me arrancaste lo que nunca supe que tenía.
Ahora el mundo gira distinto,
como si algo fundamental se hubiera quebrado.
No siento tristeza
ni soledad,
solo un vacío que no tiene nombre,
una ausencia que no sabe doler,
pero tampoco puede sanar.
Sin ti,
aprendí que no soy mitad,
que en mi propia esencia hay plenitud.
Soy un cuerpo que ya no extraña,
un corazón que late completo,
porque entendí que sentir
es un regalo que nunca se pierde.

Ahora camino entera,
con la fuerza de lo vivido
y la luz de lo que vendrá.
Tu ausencia no me quiebra,
me transforma.

LO INVISIBLE

Hay lazos que no necesitan palabras.
Se sienten en el centro del pecho,
como un eco antiguo que nunca se apagó.
No importa el tiempo,
ni los caminos distintos.
Nos reconocimos sin buscarnos,
como si el alma recordara
lo que el cuerpo olvidó.
Una raíz común nos sostiene.
Una calma que arde sin quemar.
Un silencio que habla.
Aunque el mundo cambie,
hay algo que no cede:
lo invisible,
lo profundo,
lo eterno.

Interludio

Cuando la luz y el abrazo se desvanecen,
cuando el silencio se vuelve pesado,
comienza el viaje hacia las sombras que habitan en nuestro interior.

No es el final, sino la revelación
de lo que aún no hemos sanado.
Aquí, entre el amor que fue y el vacío que queda,
florece el dolor que pide ser visto y escuchado.

Susurros de amor

Poemas que celebran el encuentro, la intimidad y la conexión profunda entre almas. Amores que arropan, que transforman, que iluminan incluso en la penumbra. No es solo el amor romántico, sino el latido suave de lo compartido, lo eterno y lo esencial.

POLVO DE ESTRELLAS

Dicen que estamos hechos de polvo de estrellas,
pero a veces sospecho
que el tuyo y el mío
vienen del mismo rincón del universo.
Hay una conexión que no obedece al tiempo,
ni al cuerpo,
ni a la lógica.
Una fuerza antigua, silenciosa,
como si nuestros átomos
hubieran pactado encontrarse
antes de que existiera la memoria.
No nos unió el azar.
Nos recordó la materia.
Y aunque los planetas giren,
y la distancia se extienda como galaxias,
esa vibración sigue ahí:
invisible,
inquebrantable,
eterna.

TODO

Contigo lo quiero todo.
No se trata de promesas lejanas,
sino de cada segundo que habita entre nosotros,
de cada momento que respiramos juntos.
Quiero que mis días tengan tu presencia,
que mis noches se nutran de tus suspiros.
Quiero los buenos momentos,
pero también los malos,
esos que nos enseñan más que la alegría,
esos en los que tomarte de la mano
se convierte en todo lo que necesito.
Quiero ser tu compañera,
tu amiga,
tu amante,
la que te mira sin juzgar,
la que te abraza cuando caes
y te celebra cuando te alzas.
Quiero ser la madre de tus hijos,
la que enseña, la que cuida,
la que crece junto a ti,
sin miedo al futuro,
porque lo caminaremos juntos.
Que no pase un día sin saber de ti,
sin conocer tus silencios
y tus palabras más profundas.
Quiero crear nuevos recuerdos,

de esos que solo se forjan cuando dos almas se encuentran
y deciden construir una historia compartida,
una historia nuestra.
Y que no haya tiempo entre nosotros
sin ver tu sonrisa,
sin sentir la suavidad de tu piel,
sin respirar tu olor como si fuera el aire que me da vida.
Que cada «Te quiero» sea una verdad profunda,
una promesa que se renueva cada vez que te miro a los ojos,
porque contigo lo quiero todo.
Lo quiero ahora, lo quiero siempre,
en este momento y en todos los que vengan,
sin reservas, sin dudas,
porque contigo lo quiero todo,
y contigo, lo tengo todo.

HOGAR

Si me preguntan por mi hogar,
no tengo una casa, ni una dirección,
solo tengo el latido de tus manos
y la paz que se esconde en tu mirada.
El mundo puede ser grande,
y el tiempo puede ser incierto,
pero en tu abrazo todo se aquieta,
todo se vuelve claro.
Aquí, en este rincón que inventamos,
el miedo no tiene espacio,
y las palabras no son necesarias
para entender lo que somos.
Eres el refugio donde me reconozco,
donde el caos se disuelve
y solo queda el silencio profundo
de estar, sin más, juntos.
Me acurruco en tu sombra,
y el sol parece más cálido,
el aire más suave,
y la vida, por un momento, se pausa.
No necesito mapas ni destinos,
porque tu presencia es todo lo que busco,
un hogar que no se mide en paredes,
sino en el eco de nuestras risas,
en la quietud de nuestros suspiros,
en cada gesto que se convierte en promesa.

Si me preguntan por mi hogar,
diré que es ese lugar intangible
donde el tiempo no pesa
y el amor fluye sin barreras,
donde no existe la distancia
ni la duda,
solo nosotros,
y el abrazo eterno
que nos hace ser completos.

ETERNIDAD

En la quietud de la madrugada,
tu presencia es un susurro que no necesita palabras.
No es ruido, no es tormenta,
es la calma que sostiene mi alma
cuando todo parece desvanecerse.
Un amor que no exige,
que no reclama,
que simplemente es.
Un latido compartido,
un aliento en la penumbra,
una luz que no se apaga.
No hay prisa, ni tiempo,
solo la eternidad de un instante
donde tú y yo somos uno,
más allá del cuerpo, más allá del mundo,
donde el silencio se vuelve hogar
y el amor, la única verdad.

HUELLA

El amor que fue
no se desvanece en sombras,
sino que se queda en la piel,
una marca suave y firme
que habita en el centro del pecho.
No hay tristeza en su recuerdo,
solo gratitud por lo vivido,
por la llama que encendió,
por los sentimientos que despertó
las flores dormidas del alma.
Fue un río que cambió su cauce,
una mano que guio sin ataduras,
una voz que susurró sin prisas
que el corazón es inmenso,
y puede contener universos
más allá del encuentro.
Ese amor,
aunque ya no camine a mi lado,
me hizo crecer,
me enseñó a ser y a soltar,
a comprender que amar
es también transformar,
es dejar que el tiempo
nos lleve, pero sin olvidar.
Y en esa huella queda la eternidad,
un susurro que nunca muere,

una luz que sigue encendida,
quieta y profunda,
en el refugio sereno del alma.

ENTRE EL ADIÓS Y LA LUZ

Nos despedimos
sin palabras rotas,
solo con la suave caricia
de todo lo compartido.
El amor no se rompe,
se transforma en un eco
que danza entre los espacios
que dejamos vacíos.
En cada latido presente,
en el suspiro que se escapa,
siento la cercanía
de lo que fuimos,
de lo que aún somos,
más allá del tiempo y la distancia.
No es un final,
es un puente invisible,
una corriente serena
que une lo que se va
con lo que permanece.
Y en esa línea tenue,
entre el adiós y la luz,
descubro la belleza
de un amor que no se pierde,
sino que vive,
silencioso, profundo, eterno.

LLUVIA

Después de la tormenta,
la tierra no olvida,
sino que abre sus brazos al cielo,
recibiendo la lluvia con paciencia.
En cada gota,
un susurro de vida,
un recuerdo tenue,
y una promesa invisible.
El amor que dejó huella
se convierte en raíz profunda,
que sostiene silenciosa el brote nuevo,
frágil, pero firme.
No hay ruptura definitiva,
solo un ciclo que se renueva,
un eco suave que impulsa
a florecer,
a crecer
más allá del dolor.
Así, bajo la lluvia,
me dejo mojar,
me dejo ser,
y encuentro en la espera
la luz que anuncia un nuevo día.

El dolor es difícil de poner en palabras, y en la vida, siempre hay dolor.
Es tan natural como el nacimiento o la muerte.
El dolor nos forma, nos enseña y nos doma;
puede destruirnos y también salvarnos.
Anna McPartlin

Interludio

Cuando el grito se apaga y la tormenta parece eterna,
una brisa sutil empieza a susurrar entre las ruinas del corazón.
Es la promesa de un nuevo aliento,
de una fuerza invisible que se arraiga
en lo más profundo del alma.
La oscuridad se vuelve matiz
y la tristeza, como la tierra después de la lluvia,
se prepara para dar vida a la luz.

Susurros de dolor

Poemas que exploran el sufrimiento interno y la vulnerabilidad, donde el dolor no solo se siente, sino que se reconoce como parte esencial del crecimiento y la transformación. Son voces que susurran la tristeza, la pérdida y la lucha interna, pero también la aceptación y la esperanza que pueden nacer del atravesar la tormenta emocional.

ABISMO

El silencio pesa,
una sombra que se estira dentro,
un hueco que traga mis palabras.
El dolor es un mar quieto,
profundo y oscuro,
donde naufragan mis pensamientos,
sin faros ni mapas,
solo la necesidad de respirar,
de no hundirme en su vastedad.
Pero hay heridas que no sangran,
golpes que no necesitan manos,
miradas que desgarran la piel del alma
sin rozar tan solo un poco.
Hay palabras que nunca se pronuncian,
pero perforan el pecho
como cuchillos invisibles.
Y todo sigue igual afuera:
el mundo no tiembla,
nadie se da cuenta
de que estoy cayendo.
Es un abismo sin fondo
el que crece en mí,
hecho de gestos que faltaron,
de palabras que dolieron sin decirse,
de ausencias más crueles que el desprecio.
Y yo, que parezco impasible,

llevo un grito mudo en los ojos,
una tormenta sellada en mi interior,
una súplica que no encuentra forma,
ni oído, ni perdón.
Pero dentro...
hay un alarido hecho de fuego,
una bestia que araña mis entrañas
cada vez que sonrío.
Respiro, pero es el aire de una jaula,
y cada latido es un golpe seco
que me recuerda que sigo aquí
cuando ya no quiero estar.
Porque este dolor
este que nadie ve,
que nadie toca,
que nadie nombra
me desgarra en silencio
hasta dejarme hueca,
rota, viva solo por castigo.

FRAGMENTOS DE MÍ

Cada lágrima arrastra un trozo
de lo que ya no soy,
de lo que se rompió sin aviso.
El alma, hecha pedazos,
intenta recomponerse
entre escombros invisibles,
mientras el eco del dolor
retumba a lo lejos,
recordándome que aún respiro,
aunque esté rota.
Hay días en que me arrastro
sobre los cristales rotos de mí misma,
intentando encajar lo que fui
con lo que ya no queda.
Mis manos tiemblan
al tocar mis propias entrañas,
como si temieran
despertar algo dormido y salvaje
que aún grita por dentro.
Sonrío, pero cada sonrisa
es un hilo torcido
que cose la piel sobre las grietas,
sin cerrar jamás la herida.
Y es entonces,
en el silencio más denso,
cuando comprendo

que no hay regreso.
Que ya no soy la misma,
ni volveré a serlo,
que cada pedazo que recogí
es solo un reflejo astillado
de una sombra que ya no me reconoce.
Me sostengo,
pero colgando de un hilo invisible,
tejido con gritos que nunca dije,
con lágrimas que nunca cayeron,
con palabras que se pudrieron
en la garganta cerrada del miedo.
Porque a veces, vivir,
no es más que aprender a respirar
con los pulmones llenos de ceniza
y el alma hecha girones
que nadie vio arder.

CICATRICES

No busco borrar la marca,
ni disfrazar la herida que llevo.
Hay memoria en cada línea rota,
una verdad que el tiempo no suaviza,
pero transforma.
El dolor es parte de mi historia,
como un tatuaje invisible
grabado con fuego y silencio,
testigo fiel de mis caídas,
y de cada vez que me levanté.
No lo niego ni lo escondo.
Hay dignidad en nombrarlo,
en decir: *sí, dolió... y aún duele,*
pero sigo aquí,
entera en mi fragmento.
Aprendo a vivir con él,
a caminar sin temer sus ecos,
a aceptar su sombra
sin dejar que apague mi luz.
En su compañía descubro
una fuerza que no es perfecta,
pero que sostiene.
No se ve a simple vista,
pero quema por dentro,
como una estrella muda
que no deja de arder,

aunque nadie mire el cielo.
Y en esa aceptación,
en ese pacto silencioso
con lo que fui,
con lo que seré,
reside una nueva forma de belleza:
la de haber resistido,
y seguir amando la vida
a pesar de las cicatrices.

LLANTO EN EL AIRE

El aire se llena de algo profundo,
un perfume que no se identifica,
pero que se nota en cada respiración.
Es la tierra que respira después de la tormenta,
un suspiro de vida,
un susurro de renovación.
El suelo, empapado y fresco,
desprende su aroma antiguo,
como si guardara secretos de tiempos pasados,
de raíces, de recuerdos,
de todo lo que crece bajo su piel.
Es el olor de la pureza,
de lo que renace sin ser tocado,
de una quietud que llega
tras el caos de los truenos.
Es la calma que se respira en cada rincón,
una suavidad que se cuela en los pulmones,
que inunda el ser y lo aquieta.
Caminar entre esa fragancia
es un refugio en medio de la batalla.
Las preocupaciones se disuelven,
se disipan como las nubes que se alejan,
y todo lo que queda es el eco
de la naturaleza recordándonos su paz.

ECOS

En el hueco que dejó tu adiós,
resuenan voces que no reconozco,
gritos apagados entre susurros,
palabras rotas que flotan
en la penumbra de lo que ya no es.
El dolor se hace un eco interminable,
un tambor sordo que retumba
en los rincones más hondos de mi cerebro,
un latido que insiste
aunque el corazón se resista a escucharlo.
Cada rincón guarda tu ausencia,
cada sombra dibuja tu silueta,
y hasta el silencio pronuncia tu nombre
con la certeza cruel
de que no volverás.
Una sombra que no se cansa
de recordar lo que fue y no será,
de recorrer escenas gastadas,
de revivir despedidas
que nunca fueron del todo.
Camino entre ruinas invisibles,
escombros de promesas no cumplidas,
trozos de lo que alguna vez
fue hogar, fue refugio,
fue nosotros.
Intento hallar paz en la tormenta,

pero el viento me trae fragmentos de ti,
como hojas sueltas que no saben dónde caer.
A veces me detengo,
cierro los ojos
y escucho...

TORMENTA

Las lágrimas no siempre se ven,
no todas dejan rastro en el rostro.
Algunas caen por dentro,
como lluvia que cala los huesos,
empapando cada rincón del alma
sin necesidad de un solo sollozo.
A veces el tormento se esconde
en el pecho, sin sonido,
como un mar contenido
tras diques de orgullo o miedo,
como un grito que aprieta los labios
y aprende a sonreír para sobrevivir.
Es una batalla muda, invisible,
una guerra que no se libra con espadas,
sino con pensamientos que duelen,
con recuerdos que golpean
cuando todo parece estar en calma.
Allí, en la quietud aparente,
el alma lucha contra su propio reflejo,
se enfrenta a las sombras que habitan en sí,
a los ecos de antiguas batallas
que no se terminaron del todo.
Siento la furia del huracán,
las ráfagas de ansiedad que arrasan,
los truenos de la duda,
la lluvia insistente del pasado

que me nubla los ojos
aunque mire al sol.
Pero también,
en medio del caos,
escucho el susurro tenue,
una voz que no grita,
pero insiste.
Es un corazón que aún desea sanar,
que, a pesar de las derrotas,
sigue latiendo.
Late débil, pero no se rinde.
Tiene la terquedad de las flores
que buscan crecer incluso bajo la nieve.
Y quizá no sé cuándo saldrá el sol,
ni si llegará la calma.
Pero mientras exista ese susurro,
seguiré de pie.
Mojada, temblorosa,
pero viva.

AL BORDE DEL SILENCIO

En ese lugar donde las palabras
se disuelven y pierden sentido,
donde el ruido del mundo se desvanece
y solo queda el latido lento,
constante,
que marca el paso de un tiempo que duele.
Es una línea invisible,
un umbral entre el ruido y la nada,
donde las voces que antes llenaban el aire
se apagan, se vuelven ecos lejanos,
y solo queda la pulsación de lo que fui,
de lo que perdí,
de lo que aún duele en lo profundo.
Pero en esa frontera oscura,
tan tenue y esquiva,
una luz pequeña se asoma,
como un faro tímido en la distancia,
frágil, pero persistente,
un destello que lucha por abrirse paso
entre las sombras que me envuelven.
Esa luz no promete un camino claro,
ni olvida el peso del dolor,
pero susurra con suavidad
que tras las grietas de esta tristeza
hay vida,
una vida que se renueva,

que se atreve a respirar de nuevo,
que guarda la esperanza en su llama tenue.
Y así,
al borde del silencio,
entre el vacío y la luz,
aprendo a escuchar ese latido,
a seguirlo,
sabiendo que el dolor no es el final,
sino el inicio
de un despertar lento y verdadero.

Aunque la noche sea larga, el alba siempre vuelve a llegar
Proverbio japonés

Interludio

Cuando el grito se apaga y la tormenta amaina,
una brisa sutil empieza a susurrar entre las ruinas del corazón.
Es la promesa de un nuevo aliento,
de una fuerza invisible que se arraiga en lo más profundo del alma.
La oscuridad se suaviza
y la tristeza, como la tierra después de la lluvia,
se prepara para dar vida a la luz.

Susurros de esperanza

Poemas que iluminan el alma con destellos de luz en la oscuridad, que susurran promesas de renacimiento, confianza y nuevos comienzos. Son voces suaves que inspiran fortaleza y calma, celebran la resiliencia y el poder transformador de la esperanza aún en los momentos más difíciles. Aquí florece la certeza de que después de la tormenta, el alma encuentra su paz y su camino hacia la vida.

VIVIR

La vida es breve,
un suspiro que se pierde
en la vastedad del tiempo.
No hay momento ideal,
solo este,
el que estamos ahora,
el que merece ser completo.
Cada día es un regalo,
un espacio pequeño
para hacer algo grande,
para sentir, para reír,
para ser sin reservas.
No hay que esperar
a tenerlo todo
para empezar a ser feliz.
La felicidad no se guarda
para mañana,
ni se encuentra en el futuro,
está aquí,
en este instante fugaz.
Sonríe con los ojos,
con los labios,
con los brazos abiertos
al día que llega.
Sonríe con el cuerpo,
que se expresa en libertad,
y con el corazón,

que late en cada rincón de tu ser.
Vivir es simplificar,
es abrazar lo que tienes,
es hacer del ahora
un espacio sin peso,
sin expectativas que ahoguen.
No esperes a que llegue el día perfecto,
crea la perfección con tus pasos.
El mañana vendrá
cuando tenga que venir,
pero hoy,
hoy es el momento
de vivir sin miedo,
de disfrutar sin reservas.
De ser feliz con lo que hay,
y con lo que vendrá,
sin más espera,
solo un presente lleno de paz.
La vida es efímera,
pero cada respiro,
cada risa,
es un recordatorio
de que podemos ser felices
ahora,
en este instante,
y siempre,
si dejamos que el corazón
se abra
a lo que somos.

RENACER

En el silencio que aparece
cuando el viento ya ha dejado de gritar
y las lágrimas se han secado en los bordes del alma,
mi espíritu se despliega,
suave, como hojas nuevas tras la lluvia,
con la fragilidad de lo que comienza
y la fuerza de lo que ha resistido.
No hay prisa ni ruido,
solo el pulso lento de la tierra que se acomoda,
la respiración pausada
de quien ha aprendido a esperar sin perderse,
de quien sabe que incluso el dolor
puede ser un terreno fértil.
Cada cicatriz es importante,
un relato silencioso,
de cada caída y de cada paso.
Y cada sombra que me habitó
es ahora un pasaje hacia la luz
que aún no he recorrido,
pero que me espera con paciencia.
Renacer no es un grito,
no es una explosión de vida repentina,
es un susurro que crece en el pecho,
un murmullo suave
que se aferra al latido
como quien sostiene una promesa antigua,

una certeza pronunciada por el universo.
Es mirar hacia dentro
y descubrir que aún queda algo intacto,
una chispa que no se apagó,
una voz que no se rindió.
Es abrazar el presente
con la ternura de quien ha perdido,
pero también con la determinación de quien elige seguir.
Renacer no es volver a ser quien fui.
Es aceptar quién soy ahora,
con todo lo que duele,
con todo lo que marca,
y caminar hacia un mañana
que ya empieza.

CAMINO DE LUZ

Avanzo sin prisa,
como quien ha sangrado lo suficiente para saber
que correr no acelera los finales,
ni los salva.
No tengo certezas,
solo cicatrices que murmuran:
«Todavía respiras».
No me mueven fuerzas desbordadas,
sino la fatiga de no rendirme,
la terquedad de quien, aunque rota,
sigue.
El camino no lo traza el destino,
sino el peso de mis pasos;
cada huella, una duda,
cada paso, una elección:
seguir, aún sin mapa,
aún con el pecho lleno de piedras.
La luz no siempre es un sol que arde,
a veces es apenas
un temblor en la garganta,
un grito no lanzado,
una ayuda que no llegó
pero que deseaste.
Hay noches que no terminan,
donde el silencio se enrosca en los huesos
y los ojos arden de tanto buscar.

Pero incluso ahí,
algo parpadea.
Una chispa.
Una obstinación luminosa.
Una promesa que no firmé,
pero que cargo igual.
La oscuridad me ha enseñado a mirar distinto.
Ya no le temo:
me hago con ella,
la pliego en mi espalda
y la convierto en abrigo.
Avanzo, siempre,
porque hay algo en mí que no se quiebra,
aunque todo grite lo contrario.
Porque hay rutas que solo existen
cuando alguien se atreve a inventarlas.

ESPERANZA

La esperanza no es un susurro dulce,
ni una promesa brillante al final del túnel.
Es más bien un grito sordo,
un pulso terco que se niega a desaparecer
cuando todo alrededor grita «Rendición».
No es un sueño decorado con flores,
es raíz
oscura, sucia,
hundida en el barro de los días sin luz.
Se agarra con furia al suelo que tiembla,
a la tierra que a veces da,
y a veces traga.
Nadie la ve crecer.
Nadie la celebra.
Pero ahí está,
debajo de todo,
empujando hacia arriba
cuando nadie recuerda por qué.
No importa cuántas veces me quiebre,
cuántas tormentas arranquen mis hojas,
mis raíces, sedientas y silenciosas,
siguen buscando el agua
aunque el cielo se haya olvidado de llover.
A veces me siento hueca,
cansada de fingir brotes,
de pretender flor.

Pero entonces ocurre algo minúsculo
una grieta de luz,
una voz inesperada,
un temblor en el pecho
que no sé de dónde viene
y que dice: «Sigue».
Y sigo.
No por certeza,
sino por costumbre de levantarme.
No por valentía,
sino por no saber cómo rendirme del todo.
Porque incluso en mi cansancio,
algo se estira hacia el cielo.
Una parte de mí,
aunque reseca,
todavía quiere crecer.
Y esa fuerza
invisible, ingrata,
profundamente mía,
esa es la esperanza.

EL ALBA DE LOS SUEÑOS

Cada amanecer es una página en blanco,
pero no siempre limpia.
A veces tiene las huellas de los días pasados,
las manchas de los miedos mal lavados.
Y, aun así, ahí está,
esperando que me atreva otra vez.
El alba no llega siempre con trompetas doradas.
A veces entra de puntillas,
como un huésped incómodo
que teme encontrarme débil.
Y a menudo así es.
Los sueños no mueren,
pero no es cierto que duerman plácidos.
Algunos se arrastran por mi alma en la noche,
gritando nombres que olvidé pronunciar.
Otros tiemblan, asustados,
porque ya no creo en ellos como antes.
Pero cuando la primera luz se cuela por la rendija,
algo se mueve,
algo se rebela.
El corazón,
aunque cansado,
se sacude el polvo.
El alma,
aunque magullada,
se estira hacia el borde del día
como una flor testaruda.

Hay promesas calladas en el alba,
pero también dudas,
cicatrices que susurran «¿Otra vez?»,
y sin embargo,
un paso más.
Una puerta sin ruido.
Un destello en mitad del gris.
Un hilo fino que dice: «Sigue imaginando».
El cielo se tiñe de naranja y oro,
pero también de humo y ceniza.
Y, aun así,
el sueño respira.
Aun así,
algo dentro de mí se levanta.
Porque no importa cuántas veces me haya perdido,
cada día me ofrece un mapa nuevo.
Porque no importa cuántas veces dije «Basta»,
al alba siempre hay una voz que me responde:
«Todavía no».

MAÑANA

Un susurro incierto atraviesa la niebla,
una voz que no promete, sino que pregunta.
A veces se oculta tras velos densos,
otras, se alza como un faro distante,
tan lejano que dudo si alguna vez lo alcanzaré.
Llega con voz baja,
no con promesas claras,
sino con preguntas:
¿tendrás el valor?
¿esperarás sin titubeo?
¿te atreverás a no tener el control?
He querido empujar el tiempo,
desgarrar el velo del futuro,
forzar respuestas
como quien aprieta un botón esperando milagros.
Pero el mañana no se deja domar.
Ni se compra con ansiedad,
ni se rinde a la urgencia.
Así he aprendido a caminar sin certezas,
a abrazar la niebla,
a soltar el calendario como quien suelta el puño
y descubre que la vida
no siempre sigue los planes,
pero sí los ritmos del alma.
Confío
no porque todo esté claro,

sino porque he visto florecer cosas
que nunca pedí,
pero sí necesitaba.
Confío en los pasos que aún no doy,
en los puentes que todavía no veo,
en la voz pequeña que me dice:
«Espera, que no es ahora... pero será».
La paciencia no es pasividad:
es resistencia suave,
es fe sin espectáculo.
Es sentarse en medio de las dudas
y aun así,
respirar hondo.
El mañana me envuelve con dedos invisibles,
no me empuja,
no me grita.
Me abraza con lentitud,
como quien conoce mis miedos
y aun así me dice:
«Te aguardo».
Y yo descanso.
No porque todo esté resuelto,
sino porque entiendo al fin
que llegar
no siempre es avanzar,
que crecer
a veces es detenerse,
y que lo justo
llega exactamente
cuando el alma ya está lista para sostenerlo.

CALMA

Hay días en que todo pesa.
No el mundo. Yo.
Mis hombros, mis dudas, mis ganas.
El cansancio ya no es físico:
es una grieta que cruje por dentro
cada vez que intento fingir que estoy bien.
Y entonces no pido milagros.
Solo un lugar donde dejar de sostenerme.
Solo un instante donde el dolor
no me pida explicaciones.
Ahí aparece.
No como luz.
No como respuesta.
Sino como una ausencia de exigencia.
Como el primer silencio que no asusta,
como una respiración que no duele.
La calma no irrumpe.
Llega cuando todo ya se ha roto.
Cuando una ya no finge entereza
y solo desea no seguir cayendo.
Se instala despacio,
con la determinación tranquila
de quien ha caído muchas veces,
pero aún se queda.
No te empuja a sanar,
te permite detenerte.
No todo lo que llega duele.
Hay cosas, aunque pocas,

que saben posarse sin herirte.
Y en esa pausa leve,
entre un pensamiento y otro,
se abre un respiro.
La calma es eso:
la primera vez que no huyes.
Una tregua.
No una cura.
Una rendija apenas,
pero suficiente para no rendirse.
La primera vez que el caos no te traga
y tú no lo peleas, solo lo miras
y dices:
«Aquí estoy, igual que tú».
Porque la paz no grita.
Se sienta contigo en el suelo.
No promete. No exige. No arregla.
Solo te sujeta sin herirte más.
Y entonces, sin darte cuenta,
dejas de luchar contra ti.
Dejas de correr.
Dejas de fingir que puedes con todo.
Y respiras.
No con alivio,
sino con dignidad.
Con el temblor honesto
de quien ha sobrevivido
y no necesita demostrar nada.

Quizá eso sea la calma:
quedarse en una misma
cuando todo alrededor se cae,
y aun así no abandonar el cuerpo.
Quizá el milagro
no es salir ilesa,
sino permitir que el viento
esta vez
no te arrastre,
sino que te meza.

COBIJO

Cierro los ojos
no para encontrar paz,
sino para dejar de fingir que la tengo.
No busco respuestas,
ni luz,
ni redención.
Solo quiero dejar de sostener el peso
de ser fuerte
todo el maldito tiempo.
No hay resplandor.
No hay epifanías.
Solo un calor leve,
como si el mundo,
por un instante breve,
dejara de empujarme.
No me abraza porque lo merezca.
No me repara.
Solo está.
Como una presencia sin rostro
que no exige nada.
Y en esa nada,
me permito derrumbarme.
No hay milagro en caer.
Pero hay verdad.
Una verdad áspera,
que no consuela,

pero tampoco miente.
Mis grietas no son cicatrices bonitas.
Son fracturas mal cerradas.
Son recuerdos de todo lo que he callado.
Pero estoy aquí.
Todavía.
Y eso,
aunque no lo celebre,
aunque no lo diga en voz alta,
es brutalmente cierto.
El cobijo no es ternura.
Es el lugar donde me desarmo
sin tener que explicarme.
Es donde no tengo que justificar
mi cansancio,
mi rabia,
mi deseo de desaparecer un rato.
Y ahí,
cuando ya no queda nada que aparentar,
cuando el silencio pesa menos que la sonrisa,
algo se agarra dentro de mí.
Eso que queda cuando todo arde.
Eso que duele, pero sigue.
Eso que no promete nada,
pero aun así, resiste.
Y aunque no brille,
aunque no cure,
es lo que me levanta.

No para ganar.
No para mostrar fuerza.
Sino porque aún tengo fuego.
Porque, aunque tiemble,
sigo de pie.
Porque no me han roto del todo.
Porque mientras quede aliento,
esto no termina.

SUSURROS DEL ALMA

En la penumbra del silencio,
mi alma susurra con voz rota,
canta los ecos de un tiempo que se desvanece,
los restos de un sueño que se rompe en mil fragmentos.
Hay un peso en el aire,
una tristeza que se enreda en mis huesos,
un invierno que se instala en la piel,
y las sombras que se alargan como viejas heridas.
Camino entre ruinas de lo que fui,
en laberintos de ausencias y recuerdos,
donde cada paso es un filo,
y cada suspiro, un adiós que no sabe partir.
Pero en esa oscuridad,
un hilo tenue de luz se cuela,
como una llama que no se rinde,
un susurro que rompe el eco del olvido.
Y entonces el alma, cansada pero viva,
aprende a danzar con sus sombras,
a encontrar en la caída
el impulso para volver a levantarse.
Porque incluso en la noche más larga,
la esperanza murmura en lo profundo,
recordando que todo final
es apenas el inicio de un nuevo suspiro.

Epílogo

En el susurro callado que queda tras cada verso, habita una verdad sencilla: la esperanza no es un destino, sino un caminar. No es un brillo constante, sino una luz tenue que se sostiene en medio de las sombras. Este poemario es un testimonio de eso, un espejo de los momentos en que la vida duele y, aun así, invita a seguir adelante. Que estas palabras sean un abrazo invisible para quien las lea, un recordatorio de que, aunque el camino sea incierto, la luz siempre se abre paso, a su tiempo y a su manera. Y que, en ese abrir y cerrar de cada ciclo, encontremos siempre la fuerza para renacer, para vivir, para ser.

Este libro se terminó de editar en Granada
en agosto de 2025 por

Aliarediciones

www.aliarediciones.es
info@aliarediciones.es